Mémoire

SUR

LA RÉHABILITATION

DU

MARÉCHAL NEY,

PAR

Le Colonel DENISET, ÉLECTEUR

DU 8 ARRONDISSEMENT.

> Toute l'armée prit pour elle le coup qui avait frappé
> son héros : ce deuil dure encore.
>
> DE NORVINS, *Essai sur la Révol. franç.* 2ᵉ v. p. 162,

SE VEND

CHEZ { DELAUNAY, Libraire, au Palais-Royal,
THOREL, Libraire, place du Panthéon.

1839.

 Ney.

PARIS, IMPRIMERIE DE PAUL DUPONT ET COMP.
rue de Grenelle-St-Honoré, 55.

AVANT-PROPOS.

Tant que nous avons compté dans les rangs de l'armée, scrupuleux observateur des devoirs du soldat, nous nous sommes borné à de simples vœux pour la réhabilitation du maréchal Ney, sans pouvoir nous expliquer d'ailleurs comment elle n'avait pas suivi immédiatement les triomphes de *Juillet ;* mais aujourd'hui que nous sommes rentré dans la classe des citoyens, rien ne peut plus empêcher notre voix de la réclamer hautement de la représentation nationale. Aussi lorsque *les Souvenirs de M. Berryer* sont venus réveiller si vivement l'intérêt public sur cette question d'équité et de morale, avons-nous voulu non seulement adresser une requête à cet égard à la chambre élective, mais encore établir par ce mémoire combien cette illustre victime des fureurs réactionnaires méritait d'obtenir cette solennelle réparation.

En voyant les organes des opinions les plus

divergentes citer avec une égale sympathie les incidens du procès de ce grand capitaine rapportés dans l'ouvrage de son digne défenseur, nous nous sommes trouvé doublement heureux d'être libre de nous exprimer sur la réhabilitation due à la mémoire du *brave des braves*, dans le moment où la disposition des esprits paraissait le plus favorable pour la solliciter. Mais si la *Presse* du 24 septembre nous en inspira le premier désir; nous devons à l'article chaleureux et patriotique du *Messager* du 10 octobre, l'entreprise du Mémoire que nous publions sur la justice et l'opportunité de cet acte réparateur. Ce que nous pouvons dire aussi, c'est que depuis vingt-trois ans nous n'avons cessé de déplorer un instant l'arrêt fatal qui a frappé la plus pure de nos gloires; celui qui, comme les Dugommier, les Championnet, les Desaix, les Serrurier, les Jourdan, les Suchet, les Saint-Cyr, les Mortier, et quelques autres encore que signalera l'histoire, sut ajouter à l'éclat de sa renommée par son intégrité, son désintéressement, enfin par l'exemple constant des plus hautes vertus guerrières. Pour nous, dont il serait impossible de décrire ce que nous fit éprouver la lecture de sa sentence et dont nulle crainte ne put comprimer cette exclamation : *Assassiné!* pour nous, qui n'avons jamais mis en doute son innocence, et qui devions porter nos convictions jusqu'à l'évidence par l'étude de sa cause, son jugement ne saurait imprimer de honte aujourd'hui que sur la France, dont il atteste l'ingratitude. Envoyé le 17 juin, la veille de Waterloo, par le général en chef comte Reille, aide-de-camp de l'empereur, auprès du maréchal Ney, c'est par nous-même que nous avons jugé tout ce que son noble cœur renfermait d'amour et de dévoûment pour la patrie. Aussi ne sommes-nous devenu le gendre d'un pair de France que certain qu'il n'avait point concouru par son vote à son assassinat judiciaire.

Puisse donc la presse indépendante et nationale, quand la chambre parlementaire est saisie de la question de réhabilitation, l'appuyer de toute sa puissance, pour qu'elle triomphe enfin des obstacles qui la firent refuser depuis si long-temps aux vœux de l'immense majorité des Français. C'est au surplus par de tels actes de justice qu'un gouvernement se rend populaire, c'est-à-dire qu'il se concilie par la reconnaissance l'affection des peuples.

Toutefois, nous devons déclarer ici que la noble famille du maréchal est totalement étrangère à notre publication, par laquelle nous avons voulu servir avant tout l'intérêt de l'honneur national.

Nota. On verra facilement en lisant ce Mémoire qu'il a été terminé dans le moment où la France paraissait jouir du calme le plus parfait, et quand rien ne présageait la crise qui est venue en arrêter la prospérité et jeter de nouveau le trouble dans les esprits. Mais, pleins de confiance dans la sagesse du pays, nous aimons à nous flatter que notre opuscule ainsi que notre pétition à la chambre élective seront bientôt rendus à l'opportunité qui en faisait le principal mérite lorsque nous en tracions les pages en décembre 1838.

Si cette publication est favorablement accueillie, nous lui donnerons, après l'ouverture de la nouvelle chambre, *un appendice* qui comprendra la biographie militaire du maréchal Ney, les inspirations poétiques que nous avons dues aux vives émotions que nous a fait éprouver l'infortune de cette illustre victime et des notes pouvant servir à la justification historique des faits que nous avons rapportés ou au développement de nos pensées.

MÉMOIRE

SUR

LA RÉHABILITATION

DU MARECHAL NEY,

EXPOSÉ.

Lorsque les passions grondent encore aux cœurs des hommes avec violence, il faut savoir en subir patiemment les erreurs ou les iniquités. Le temps, tôt ou tard, finit par calmer les esprits; c'est alors, quand ils ont perdu tous les dangers de l'exaltation, en bien comme en mal, et qu'ils se sont dégagés de tous les fanatismes, que l'on peut seulement avec confiance s'adresser au retour de leur sagesse pour obtenir qu'ils effacent, autant que possible, les stigmates d'une aveugle colère....

Tel est le point de vue d'où nous avons considéré le procès du maréchal Ney. Il nous a semblé que les tristes phases des hallucinations et des vengeances étaient passées, et que, sous une ère nouvelle de gloire et de liberté, consacrée déjà par de grandes preuves, les jours de réparation et de justice étaient enfin arrivés, pour marcher avec plus de puissance et de dignité à toutes les prospérités auxquelles notre belle patrie a le droit de prétendre. Ce procès, d'un si pénible souvenir, a été pour nous, quoique vétéran de l'armée, beaucoup plus envisagé en citoyen observateur de nos crises révolutionnaires, qu'en soldat qu'une gloire immense pouvait exalter en lui faisant justement partager l'admiration de la France, de l'Europe, de tous les braves, et que ratifieront les pages immortelles du grand peuple. Eh bien ! plus nous avons donné d'attention aux causes et aux effets de la crise de cette époque, et moins il nous a été possible d'expliquer la condamnation du maréchal ; elle est restée à nos yeux une *monstruosité*, comme la réhabilitation de sa mémoire serait de nos jours un acte de la plus haute justice. Mais si, après l'examen approfondi que nous avons fait de cette odieuse procédure, l'acte d'accusation nous a paru dénué de fondemens, une déclamation continuelle, dont les *on dit* faisaient souvent toute la force ; enfin si nous n'avons pu le considérer que comme le fruit du délire d'une royale vengeance, nous

crûmes cependant indispensable d'en lier la réfuta-
tion à la question de réhabilitation que nous vou-
lions traiter.

Selon nous, une réhabilitation ne saurait être que
la réparation légale d'une erreur judiciaire; en conséquence, elle implique la nécessité de la démontrer : c'est ainsi que l'ont entendu ceux qui ont
voulu purifier la mémoire des *Marillac,* des *Lava-
lette*, des *Lally,* des *Calas.* Il y a peut-être long-
temps que celle de l'illustre maréchal Ney aurait eu
la satisfaction éclatante qui lui est due, si l'on s'était
mieux entendu sur les moyens de l'obtenir; mais
jusqu'ici nous n'avons pas vu que l'on se soit oc-
cupé bien nettement de préciser ce qui la motive.
Se borner à réclamer la révocation d'un jugement
rendu en violation des garanties d'une capitulation,
ce serait faire déclarer *seulement* que l'on n'avait
pas le droit de juger, mais ce ne serait pas détruire
la cause de la sentence; ce serait laisser à l'accusation
toutes ses charges, quand elle a eu tant d'organes
de publicité : ce n'est pas là une réhabilitation, car
réhabiliter, c'est innocenter !—Nous objectera-t-on
que personne n'accuse maintenant le maréchal de
l'action de 1815, et par conséquent qu'il n'est point

à défendre? C'est admettre une bien grande et heureuse fusion des partis, et nous la désirons plus que nous ne sommes autorisé à y croire, même sur ce point de discussion. Nous regarderions donc la réhabilitation de la mémoire du maréchal comme imparfaite, si elle ne s'appuyait pas sur la preuve d'une conduite irréprochable. Cette réhabilitation ne peut être que l'accomplissement d'un devoir d'équité, et non une concession faite à la politique du moment.

Aussi, cette manière d'entendre ce grand acte de réparation nationale nous a-t-elle fait consacrer en partie ce Mémoire à réduire au néant tous les faits articulés contre le maréchal, afin qu'il demeure irréfragable qu'il n'a jamais cessé d'être un seul instant l'homme de *l'honneur et de la patrie.* Nous avons pensé que nous pouvions ajouter à la force de la justification de son puissant défenseur, le célèbre Berryer, soit par des considérations que de hautes convenances à l'égard du comte d'Artois l'ont empêché de faire valoir, même dans l'intérêt du maréchal; soit parce qu'il n'y a plus de ménagemens à garder envers les agens du pouvoir d'alors, et qu'il n'est pas sans importance d'en faire ressortir les mauvaises dispositions ; soit en complétant, avec quelque compétence, les argumentations militaires. Vous allez donc, va-t-on dire, disculper le maréchal comme sous la restauration ? Oui, sans doute! nous respecterons religieusement le système adopté par lui, comme l'écho de sa noble conscience; c'est sur le terrain de 1815 qu'il fut attaqué, c'est là qu'il faut le défendre; il n'a rien à débattre avec 1830 : 1830 ne doit intervenir que pour réparer l'iniquité de 1815.

Toute la question de réhabilitation s'est donc réduite pour nous à prouver, en entrant dans le détail des considérations qui, sous les rapports moraux et politiques, ont pu y mettre empêchement jusqu'ici, *que rien ne s'y oppose;* et par l'entière justification du maréchal, *que tout la commande ;* ce qui nous a fait diviser notre Mémoire en deux parties; l'une traitant : — *de la chose jugée,* — *de l'effet politique à l'intérieur,* — *des raisons d'état,* —*des exemples,*—et *des conséquences à l'étranger.* Et la deuxième :—*de l'état de la France au 1ᵉʳ mars, et de l'incurie du pouvoir,*—*de l'innocence avérée du maréchal jusqu'au 14,*—*de l'inaction du maréchal,*— *des émissaires de Napoléon,*— et *de la reconnaissance de l'empire.*

Du reste, la réhabilitation de la mémoire de l'illustre maréchal Ney ne s'obtiendra jamais assez tôt pour la dignité de la France; quant à nous, nous l'appelons de tous nos vœux, et peut-être n'est-il pas sans opportunité de la solliciter aujourd'hui.

DE L'EFFET POLITIQUE A L'INTÉRIEUR.

Sous le deuxième rapport, la question de réhabilitation était plus complexe à nos yeux, en ce qu'elle touchait à la fois *au passé* par la cause, *au présent* par l'effet, et *à l'avenir* par l'enseignement. Voilà ce que nous pensons sur ces trois intérêts, en citoyen qui ne voudra jamais que le repos, l'honneur et la gloire du pays.

Pour le passé: Si par une forme législative, que nous n'indiquons pas ici, il y avait révision et annulation du jugement du maréchal Ney, il est évident que cet acte porterait non seulement une puissante consolation dans le sein de sa famille, qui aux regrets amers d'une perte irréparable doit ajouter la douleur de voir un arrêt inique outrager sa mémoire; mais encore qu'il serait un bienfait pour ceux qui ont concouru de bonne foi à la condamnation d'une de nos plus grandes illustrations militaires, sans s'apercevoir, sans doute, qu'ils cédaient alors à l'influence des terribles préoccupations du moment, et se rendaient les instrumens aveugles de la haine et de la vengeance, et non les organes fidèles d'une justice éclairée. Certes, en voyant aujourd'hui toutes les charges s'évanouir sous les seules investigations de la raison, ils béniront, en hommes de bien, doublement le jour qui aura réparé avec éclat, en ce qui peut l'être, les funestes égaremens de leur conscience. Quant à ceux qui resteraient toujours sous l'empire du fanatisme de l'époque déplorable du procès, ils seraient bien peu nombreux, s'ils ne sont tous éloignés maintenant de la Chambre actuelle des Pairs. Mais qu'ils conservent ou non leurs tristes préventions, et dans quelque position qu'ils se trouvent, ils ne méritent pas qu'on leur sacrifie ce que cet acte renfermerait en lui de rationnel et d'utile, en politique comme en morale.

Pour le présent: La réhabilitation de la mémoire du maréchal Ney rendrait cette époque grande, généreuse et réparatrice. Elle ferait naître bien plus de sympathies pour le pouvoir qu'elle n'éveillerait de récriminations. Ce serait pour lui un événement honorable, et de plus profitable, non parce qu'il aurait, comme de fait, à recueillir les acclamations des masses, mais parce qu'il y a toujours un intérêt vital à se fortifier par des actes d'une haute justice. Ce langage, cependant, ne serait pas le nôtre s'il y avait ombre de culpabilité dans ce qui a motivé la condamnation de l'infortuné maréchal : car ce serait encourager les révoltes armées ; ce serait, comme au temps de la décadence du grand empire, laisser à l'épée le droit de disposer du trône, et remettre les destins de l'Etat aux mains de ses capitaines. Nous parlons donc dans la conviction de l'innocence manifeste de l'illustre victime, et nous espérons parvenir facilement à la rendre sensible.

Pour l'avenir : En consacrant *en droit* la révision d'un jugement politique, l'effet positif serait d'apprendre à ceux qui auraient désormais à connaître des crimes d'état que, dans ces causes, non moins que dans celles où s'exerce la vindicte publique, les haines, les vengeances, les préventions, l'esprit de parti, toutes les passions enfin, doivent s'éteindre dès que s'ouvre l'auguste sanctuaire de la justice ; que là, nous ne pouvons écouter que la seule conscience en cherchant religieusement à l'éclairer, non par des présomptions, mais par des faits matériels et moraux emportant convictions absolues. On ne saurait donc attendre que l'effet le plus salutaire de la possibilité d'un blâme futur, et de la crainte naturelle que la flétrissure enlevée aux arrêts révoqués ne se rattache aux noms des premiers juges; crainte qui ne pourrait rendre que plus sacrées dans les sentences des hommes les règles immuables d'impartialité et d'équité. On s'occuperait beaucoup moins alors du désir de plaire au prince d'ici-bas, en en servant la cruelle politique, et l'on se rappellerait davantage le prince et le juge d'en haut lorsque l'on prononcerait sur l'honneur ou la vie de ses semblables.

DES RAISONS D'ÉTAT.

Prétendra-t-on maintenant que les considérations que nous venons de faire valoir sous le rapport de la chose jugée et de ses effets politiques sont purement morales, et qu'en politique il est des *raisons d'état* qui se placent au dessus d'elles? A ce machiavélisme de nos jours, nous répondrons qu'en effet l'histoire prouve que la politique n'est pas toujours morale; mais on ne saurait, d'un autre côté, contester que la morale ne soit toujours d'une bonne politique; qu'elle ne fasse même, à l'intérieur comme à l'extérieur, la véritable force des gouvernemens; qu'elle ne soit un des plus sûrs garans de leur durée, et qu'enfin la gloire et la prospérité des peuples n'en soient les heureuses conséquences. Au surplus, la dernière Régence, le règne de Louis XV, la Convention et le Directoire, attestent mieux que ce que nous aurions à ajouter ce que peut l'absence de toute moralité sur les destinées des nations.

Quant aux raisons d'état qui ont pu motiver la condamnation du maréchal Ney, ou qui seraient de nature à en faire maintenir le jugement irrévocable, il faut, s'il en existe, qu'elles soient bien au dessus de notre intelligence, car nous n'en trouvons aucune. Mais en cherchant à nous éclairer, à ce sujet, des faits de l'histoire, nous avons eu à remarquer que si ce fut une raison d'état qui fit trancher la tête du connétable d'Eu, *sur le seul doute de sa fidélité*, elle avait peut-être enlevé au roi Jean le brave qui pouvait empêcher le désastre de Poitiers..... Nous avons dû trouver que la raison d'état avait mieux inspiré Charles VIII, en lui faisant respecter les jours du prince révolté qui devait le remplacer au trône, pour y faire briller toutes les vertus et emporter dans la tombe le titre mérité de *père du peuple*. La raison d'état qui fit exécuter le maréchal Biron ne se présente guère à l'esprit que comme l'accomplissement d'un devoir impérieux ; et, pourtant, on regrette qu'Henri IV, si grand, si magnanime, n'ait point, sans attendre l'humiliation du coupable, tendu une main généreuse à celui qui avait été si long-temps son digne compagnon d'armes. La décapitation du maréchal de Marillac, victime de *la journée des dupes*, et dont la mémoire fut rétablie par arrêt du parlement, celle du maréchal de Montmorency, qui devait exciter en France une douleur générale, ne furent à nos yeux que des raisons d'état imposées par un ministre vindicatif et tout-puissant à la faiblesse de Louis XIII, en étouffant dans son cœur tous les élans de la clémence. Mais si ce fut aussi par des raisons d'état qu'on laissa, et à Condé et à Turenne, à effacer les taches de leur rébellion par des victoires et d'éminens services, ces raisons nous ont paru dignes du siècle immortel du grand roi.

En voyant, par ces observations, que les raisons d'état qui couvraient d'indulgence les coupables avaient eu les plus heureux résultats pour la France, lorsque par trop de rigueur, au contraire, on avait causé de vifs regrets, nous en sommes resté convaincu qu'on ne peut assez rechercher, avant d'immoler une grande célébrité, si le présent doit en retirer plus de bien pour le pays que l'avenir n'y perdrait d'espérance; et qu'enfin il ne saurait jamais exister de raisons d'état assez puissantes pour commander la condamnation d'un innocent, et moins encore pour empêcher d'en purifier le souvenir.

DES EXEMPLES.

Comme il est très loin de notre pensée de songer à préconiser un système d'impunité à l'égard de ceux qui viennent, sans droit comme sans motif, troubler le repos des puissances, nous sentons tout ce qu'il y a de prudence et de nécessité à en réprimer fortement les actes séditieux ou les révoltes, et nous croyons, autant que personne, à l'utilité, parfois, des exemples sévères. Seulement, nous désirons que les répressions soient constamment empreintes d'une rigoureuse impassibilité; qu'elles n'aient lieu que dans l'intérêt de la chose publique, et non pour satisfaire à d'indignes passions; ce qui, dans les réactions qui peuvent naître, sera toujours le moyen le plus efficace de

soustraire les partis à toutes les horreurs des re-
présailles.... Mais aussi, nous croyons, sans que
cela puisse nuire à ce que de justes exemples ont
de salutaire, que lorsque la haine a dicté les arrêts, comme dans le malheureux procès qui nous
occupe, on peut, on doit même reconnaître hautement les violences faites à la loi.

Nous nous flattons, d'ailleurs, que rien de ce que
nous avons dit ici ne tend à encourager ces misé-
rables échauffourées qui, nées du vertige, font rê-
ver le renversement d'un ordre de choses fondé
par la volonté des peuples. D'aussi folles tentatives
n'éveilleront jamais la moindre sympathie; dignes
du mépris général, l'amour de la patrie sait en frap-
per d'anathème les fauteurs, lors même qu'ils échap-
peraient aux justes châtimens des hommes.

DES CONSÉQUENCES A L'ÉTRANGER,

Sous ce dernier rapport, la réhabilitation prise
dans l'application d'un droit, que nous avons exa-
miné plus en thèse générale sous les autres considérations, ne nous paraît pouvoir en rien changer
l'état de nos relations à l'extérieur.

Les souverains, comme les peuples, ont leurs

jours d'aveuglement et de passions ; mais pour être si hautement placés sur l'échelle du monde, ils n'en ont que plus à redouter les erreurs où peut entraîner l'exercice d'une immense puissance. Pourquoi donc ne donneraient-ils pas, surtout ceux encore investis d'un pouvoir qui les rend les délégués du ciel, l'exemple de la plus grande vertu que l'on puisse glorifier, celle de savoir reconnaître ses fautes ? Pourquoi sacrifieraient-ils l'intérêt de leur renommée pour empêcher d'effacer en partie les traces d'un crime qu'ils ont laissé commettre, quand les temps en signalent l'instant réparateur ? Si la diplomatie était assez malheureuse pour voir des obstacles à ce qu'il en soit ainsi, nous dirons qu'en revanche l'honneur, la loyauté, commé la dignité des nations, ne sauraient y trouver que l'observance du plus saint des devoirs : un acte de justice !... Du reste, pour ramener, s'il en est besoin, cette puissance occulte des cours à des convictions plus généreuses, il suffira de mettre un instant en lumière la convention de Paris du 3 juillet 1815, et de prouver, en la rendant à ses véritables conséquences, qu'on en fit une interprétation erronée lors du procès du maréchal.

Les débris de Waterloo formaient encore sous les murs de la capitale une armée imposante; et nous devons ajouter que si beaucoup de citoyens accoururent dans ses rangs, ils n'y montrèrent pas le moins d'ardeur et de patriotisme. Selon les chances ordinaires de la guerre, on pouvait regarder les avantages d'un engagement général comme beaucoup plus certains que douteux, sans recourir même à ces terreurs paniques que font si facilement naître les ébranlemens simultanés des cloches des villes, des bourgs et des hameaux; les feux sans nombre s'étendant de colline en colline; les attaques, les surprises de nuit, toujours si redoutables sur le sol de la terre sacrée : pour nous, l'ennemi devait passer *sous les Fourches-Caudines !...* Comment donc croire qu'on aurait accepté, avec tant d'espoir de succès, une capitulation sans garantie pour les personnes que le parti triomphant pouvait poursuivre de ses vengeances? Aussi est-il impossible de ne pas reconnaître cette garantie formelle dans l'article 12 de la stipulation du 3 juillet.

Lorsque la réaction était dans sa plus grande effervescence, que tout était confusion, désordre et haine dans les esprits, on a pu se croire dans la nécessité de prétendre que ce traité n'engageait que les puissances étrangères et non le souverain de la France; mais aujourd'hui, sans nous arrêter à démontrer tout ce qu'il y a eu de honte et de perfidie dans un tel langage, quelle est la tête couronnée qui oserait, quand un si long calme a passé sur l'orage, déclarer que la convention du 3 juillet était *un effet sans cause*, une surprise faite à la bonne foi d'une des parties contractantes? Car telle serait une convention par laquelle on n'aurait entendu accorder de garanties que contre les ressentimens de l'étranger, lorsqu'il n'avait en aucune manière de poursuites à exercer contre qui que ce fût des nôtres. Il ne serait pas moins spécieux de soutenir encore que la non-ratification du roi ait entraîné la nullité de ladite convention, car elle a eu lieu par le seul fait de sa rentrée dans la capitale, sans même qu'il soit nécessaire d'invoquer la pièce relative au pont d'Iéna, offrant le témoignage le plus irrécusable de sa participation au traité de Paris, laquelle pièce fut remise à la cour des pairs par l'honorable M. Bignon, l'un des négociateurs de ce traité (1).

(1) Souvenirs de M. Berryer, vol. 2, page 377.

Au reste, il faut le dire, comme une vérité que consacrent les faits passés, les puissances étrangères n'ont jamais revendiqué la large part qu'on a bien voulu leur faire dans le procès du maréchal Ney, afin de détourner du trône tout ce que ce procès avait d'odieux et d'infâme, surtout après la magnanimité avec laquelle Napoléon en avait usé à l'égard du prince qui fut son prisonnier. Les puissances étrangères ont seulement manifesté l'intention de ne point s'immiscer dans les actes du gouvernement du roi, et l'ont laissé violer l'article 12 de la convention qui leur avait ouvert les barrières de Paris, lorsqu'il était de leur devoir de s'y opposer. Mais ce n'est pas à dire, quand un autre gouvernement plus sage et réparateur voudra faire revivre l'article précité dans toute sa force et selon le sens qu'il devait avoir, que les puissances étrangères voudront y apporter le moindre empêchement. Quand elles n'ont point arrêté, lorsqu'elles en avaient le droit, les vengeances de la restauration, elles s'élèveront bien moins encore, lorsque rien ne les y autorise, contre le plus grand acte de justice qui puisse honorer l'histoire d'une nation.

En un mot, la France a pu, pour le repos de

l'Europe, reconnaître en 1830 tous les traités qui lui furent imposés par la force des baïonnettes en 1815 ; mais, aujourd'hui, elle est plus que jamais le seul maître chez elle.

Elle a voulu protéger nos frères de la Belgique, et ses soldats ont couvert les rives de l'Escaut ;

Elle a voulu prêter son appui aux Etats romains, et ses trois couleurs ont bientôt flotté sur les tours d'Ancône ;

Elle a voulu garder la conquête d'Alger et s'étendre sur le sol brûlant de la Mauritanie ; Constantine est venu ajouter un fleuron à sa gloire, et sa puissance s'étend des confins de Tunis jusqu'aux portes de Fez ;

Elle a voulu qu'on respectât partout les droits de ses citoyens, même au plus loin des mers, et ses vaisseaux encore croisent dans l'Atlantique ;

Elle a voulu replacer le géant des batailles au sommet de l'édifice d'où l'avait arraché la fureur des hordes étrangères, et il domine de nouveau la colonne immortelle qu'il fit élever à la gloire de nos armes ; cette colonne dont la spirale porte les hauts faits de Ney de sa base à son dôme.

Ainsi donc, quand la France le voudra, la réha

bilitation de la mémoire d'un de ses plus grands capitaines aura lieu, et, certes, ce sera aux acclamations générales du pays.

RÉHABILITATION DU MARÉCHAL NEY.

IIe PARTIE.

TOUT LA COMMANDE.

DE L'ÉTAT DE LA FRANCE AU 1er MARS ET INCURIE DU POUVOIR.

Maintenant qu'il nous semble suffisamment établi que, sous le rapport de la chose jugée, des raisons d'état, des exemples et de ses divers effets politiques, *rien ne 's'oppose* à la réhablitiation |de la mémoire du maréchal Ney, il nous reste à convaincre que *tout la commande*, en démontrant par l'entière justification de sa conduite l'iniquité de sa condamnation, et en admettant, pour un instant, que sa mise en jugement n'aurait pas été interdite de la manière la plus explicite par l'article 12 de la convention de Paris. On nous permettra donc de nous reporter encore aux tristes événemens de cette époque.

D'abord, pour juger la cause des cent-jours, il faut savoir la séparer de ses désastres : si la fortune n'eût point trompé toutes nos espérances, elle pouvait être aussi grande en bien qu'elle fut féconde en malheurs. Mais ce qu'il faut apprécier avant tout, c'est l'état politique dans lequel se trouvait la France au 1er mars, lorsque Napoléon vint effectuer son débarquement; car il n'est pas indifférent de prouver que cette entreprise ne fut inspirée que par les fautes du pouvoir, et qu'il en a seul amené la catastrophe par une incurie sans exemple. On nous pardonnera donc quelque digression à ce sujet, en raison des conséquences que nous devons en tirer pour prouver que ce n'était pas à l'épée du maréchal qu'avaient tenu les destins du trône; qu'il n'en quitta la défense que lorsqu'il la crut abandonnée par lui-même, et se trouvait par ce fait seul dégagé de tous ses devoirs envers lui, lorsqu'il lui en restait de sacrés à remplir envers la patrie.

La restauration, qui, par les bienfaits de la paix et par la Charte, *quoique octroyée*, aurait pu nous rendre des jours de calme et de prospérité, se fut à peine saisie du timon de l'Etat qu'elle se laissa entraîner, au contraire, à tous les actes qui devaient compromettre notre bonheur, notre avenir, et devaient mettre non seulement le pays en péril, mais encore la placer elle-même au dessus de l'abîme!.... On eût dit qu'elle n'avait d'autre pensée, d'autre but, que de faire revivre au plus tôt les erremens de l'ancien régime, quand tout attestait de ses funérailles; c'est-à-dire qu'il semblait qu'elle mettait tout en œuvre pour remonter aux temps des abus et des priviléges, comme s'il était au pouvoir d'ici-bas de faire rétrograder l'esprit des peuples.... Au lieu de chercher à rallier les partis, elle fit tout pour les multiplier et les aigrir. Ce fut peu de rejeter les couleurs nationales qui avaient été adoptées par le dernier roi, qui furent aussi celles d'Henri IV, et qui rappelaient une gloire sans égale dans les fastes du monde; on poussa l'engoûment, le fanatisme pour le passé jusqu'à l'absurde, en faisant remonter le règne de Louis-*le-Désiré* aux derniers jours du jeune et infortuné dauphin : la république et l'empire ne furent plus comptés dans les gouvernemens de la France, au mépris de toutes les reconnaissances et de tous les traités qui en avaient constaté le régime légal, et malgré les grandes pages de l'histoire qui en rendaient l'existence incontestable. Au reste, il fallait bien se soumettre à un tel état de choses, quand un million de baïonnettes étrangères foulaient encore le sol de la patrie!

C'est alors que la restauration, poursuivant avec une rare fascination son système réactionnaire, s'entoura de conseillers imprudens et inhabiles, d'hommes façonnés à l'esprit étroit des cours de Coblentz, de Mittaw et d'Hartwell, et se mit dans l'entière dépendance du clergé. Elle insulta bientôt à toutes les gloires, ne tint compte d'aucuns services, blessa tous les mérites, repoussa les capacités les plus éminentes, poursuivit de ses antipathies, de ses haines les erreurs politiques; déploya contre la pensée toutes les rigueurs de la censure : enfin, on vit naître les plus vives alarmes au sein des villes et des campagnes, sur les biens acquis de la nation, et se propager partout de justes craintes sur le retour des droits féodaux.

Pour l'armée, on déversait publiquement sur ses victoires un mépris mal déguisé, en les qualifiant d'*impies;* les plus brillans exploits étaient condamnés à l'oubli, s'ils n'étaient mis au nombre des forfaits; les meilleurs officiers étaient éloignés des rangs; on déployait contre eux les plus grandes rigueurs, sans ménager les formes acerbes, pour les forcer à quitter la capitale, lorsqu'elle n'était pas le lieu de leur naissance; ils étaient réduits à attendre trois mois le pain de charité qu'on voulait bien leur accorder; la Légion-d'Honneur, perdant son éclat et son prestige, se vendait ou se prostituait. Malgré les charges énormes de l'état, on créa à grands frais une maison militaire pour entourer le trône des splendeurs et du faste des anciennes cours; les glorieux débris de la vieille garde n'occupèrent plus que le second rang auprès du prince, et eurent à essuyer chaque jour les dédains de la couronne.

Il y avait donc au résumé partout gêne, misère, inquiétude et regrets; la plainte était dans toutes les bouches, et déjà l'insurrection fermentait dans presque tous les cœurs. Disons-le, cependant, il n'était pas impossible de conjurer l'orage qui menaçait le trône : il y a tant de ressources dans un gouvernement qui dispose des honneurs, des graces et des coffres du trésor! Mais, par malheur, les dépositaires de l'autorité, sans unité de vues, manquant de cette énergie qui remue les masses, étaient trop nuls ou trop faiblement trempés pour se mesurer avec la grandeur de l'événement. Comparons, toutefois, ce que leur conduite pouvait être, à ce qu'elle a été, puisque plus heureux qu'aux jours du procès, il nous est permis de tout dire.

A la nouvelle du débarquement de Napoléon, parvenue à Paris le 5 mars, toutes les mesures à prendre se réduisaient à l'empêcher de s'emparer d'une place forte pour s'en faire un appui militaire, et à ne laisser mettre les troupes royales en contact avec les siennes que lorsque les forces seraient bien organisées, et qu'il y aurait probabilité de succès. Il fallait donc, dès le 5 mars, au lieu de perdre, en longues délibérations, le moment de salut, ordonner, par voie télégraphique, de faire partir de Lyon pour Grenoble, sans délai et en poste, quelques bataillons formés d'hommes de bonne volonté en soldats et en citoyens, les derniers fortement indemnisés de leur déplacement; annoncer le départ d'un prince pour cette place importante; il pouvait y être dans la matinée du 7, et les renforts le 6; il y aurait pris le commandement supérieur des 8e, 9e et 10e divisions militaires, et y aurait beaucoup plus servi sa cause qu'à Besançon, où il devait se rendre. La ville de

Lyon réclamait aussi une prompte et sérieuse attention; mais il fallait savoir y déterminer un mouvement populaire favorable, à quelque prix que ce fût, et prendre des mesures pour y entraîner au dévoûment, à la fois par la reconnaissance et l'exemple. Ainsi, en envoyant un autre prince dans cette ville, et plaçant sous ses ordres les 5°, 6°, 7°, 15°, 18° et 19° divisions militaires, il fallait que la poste enlevât à sa suite 5 à 6 mille hommes pris dans la maison militaire du roi, et parmi ceux qui, les premiers, dans les corps royaux et autres, auraient répondu à l'appel fait à leur fidélité, en recevant dans leurs rangs les citoyens animés du même zèle; faire procéder en même temps, dans cette ville, à la création immédiate d'une garde nationale volontaire, avec solde de journée d'ouvrier pour ceux à qui ce service devait être onéreux, et faire aussitôt d'immenses commandes au commerce pour l'indemniser de la suspension des travaux industriels. Il fallait en outre établir dans tous les corps un bataillon de marche qui aurait eu les mêmes élémens que les bataillons envoyés à Grenoble, et réunir ceux des 5°, 15° et 18° divisions à Châlons, ceux des 6°, 7° et 19° à Lyon, et ceux des 8°, 9° et

10ᵉ à Valence, et rapprocher de Troyes et de Chaumont les troupes des 2ᵉ et 3ᵉ divisions pour être prêtes à couvrir la capitale ou appuyer les mouvemens avancés; c'est-à-dire qu'il fallait, le 5 mars, et sans perdre un seul moment, considérer comme très grave l'entreprise de l'*ex-empereur*, et agir instantanément sur tous les points, au lieu de discourir. — Sans moins reconnaître tout ce qu'il y avait de difficile à combattre contre le prestige d'un grand nom et contre l'étendard aux trois couleurs, ou nous nous trompons fort, ou la révolution des cent-jours eût avorté, surtout si l'on avait donné de suite quelque satisfaction à l'opinion libérale, en rentrant dans l'esprit de la Charte, et en confiant à un ministère plus homogène et plus populaire la direction des affaires publiques : la France y eût trouvé de grands malheurs de moins et deux milliards de plus.

Par de semblables mesures d'ensemble et de prévoyance, il est certain, en admettant même, ce qui n'était guère présumable, qu'il eût été impossible de se maintenir à Lyon, qu'on aurait eu les moyens, par la composition des bataillons de marche, par la maison du roi placée en première ligne

et par des levées volontaires effectuées sur les derrières, de disputer le terrain; et le cédant, en se
repliant sur des positions occupées, on aurait aug-
menté successivement ses forces, quand, au contraire, le triomphateur aurait été obligé de diviser
les siennes. On pouvait donc arriver, avec de grandes chances de succès, à un engagement général
sous les murs de la capitale, s'il ne se trouvait pas
avant une heureuse occasion à saisir. Là, ne se
seraient point démentis les nobles sentimens du
maréchal pour la cause qu'il avait juré de défendre; et le digne émule de Moreau, dans une retraite rendue possible et effectuée sous les yeux
du frère du roi, aurait pu rappeler les retraites
mémorables et immortelles de Gustadt, de Por-
tugal et de Moscowo, qui font les plus beaux
trophées de sa gloire! Là, selon les vœux et les
paroles du loyal guerrier, *le roi aurait pu se
faire porter sur un brancard à la tête de ses soldats; sa présence leur eût imposé, et son aspect
vénérable aurait anéanti toute idée de défection;*
disons plus : la voix de l'auguste vieillard eût fixé
la victoire!... Mais, hélas! combien les hommes du
pouvoir furent loin d'assurer de telles espérances

ēn adoptant de si simples et de si salutaires dispositions !

Toujours sous le charme du passé et sans souci
d'avenir, ils prennent leur orgueil pour de la force,
des ordonnances pour des organisations et des
chiffres pour des hommes. C'est peu du poids de
leurs fautes gouvernementales, c'est peu de devoir
déjà compte à la France de n'avoir su ni prévoir,
ni prévenir l'évasion de l'illustre prisonnier com-
mis à leur haute surveillance, ils restent sans plans
arrêtés pour parer aux revers comme pour assurer les succès ; ils abandonnent la défense aux
chances du hasard, ou aux bonnes ou mauvaises
résolutions des commandans des forces militaires,
lorsqu'ils possédaient encore, pour manifester leurs
intentions, combiner les mouvemens, les moyens
de faire franchir l'espace à leurs volontés, avec
toute la rapidité de l'éclair. Un prince est envoyé
à Lyon, mais sans prévision pour assurer les avantages qu'on attend de sa présence, et l'on néglige
d'en envoyer un à Grenoble, mission dont l'importance n'avait pu échapper à la haute pénétration
militaire du maréchal, ce qui la lui fit déclarer im-
périeuse : il résulta, de l'oubli de cette mesure, que

la perte de Grenoble entraîna celle de Lyon. La maison du roi eut beau se montrer pleine d'ardeur, elle fut laissée loin du péril et des lieux où elle pouvait peut-être changer la fortune du trône; le mélange des citoyens et des soldats, les bataillons de marche composés des hommes les plus sûrs, les transports de troupes en poste, rien n'est tenté! C'est en vain qu'on demande des secours sur les points les plus menacés; on laisse les chefs militaires sans instructions, sans nouvelles, au milieu des crises les plus décisives; partout on est pris au dépourvu!.... Eh! voilà cette puissance qu'un premier souffle d'orage devait abattre, pour laquelle il fallait faire couler le sang français, allumer la guerre civile, lorsque par son impéritie il n'était plus donné à aucune force humaine d'en arrêter, d'en empêcher la chute!

Aussi Napoléon ne trouve-t-il ni obstacles ni résistance du golfe Juan à la seconde ville du royaume : rien n'a pu suspendre un seul instant sa marche triomphale. On croyait, plein de confiance dans les leçons du malheur, aux libertés que promettait l'ancien chef de l'Etat; comme aussi l'on sentait tout ce qu'il y avait eu de déception dans la dynastie de l'étranger, qui déjà, sans moyens de salut au fort de la tempête qu'elle a soulevée, s'humiliait devant l'avéu de ses énormes fautes, s'abaissait à toutes les promesses, et allait jurer fidélité à la Charte pour la violer dans l'avenir... Investi de tous les pouvoirs du roi, pouvant par les faveurs exciter tous les zèles, d'Artois, qu'accompagnaient un prince populaire et un maréchal de la plus haute renommée, fit en vain un appel aux habitans de Lyon pour repousser un *usurpateur* venant *à la tête d'une bande de brigands*, selon l'acte d'accusation, disputer la France à ses rois légitimes; les soldats, abreuvés si souvent d'humiliations et de dégoûts, comme les citoyens, furent sourds à sa voix, et, dès le 10 mars, il dut presser son retour dans la capitale. Ce fut à ce jour que le peuple de la grande ville industrielle, et l'armée, qui venait de se former sur les rives du Rhône et de la Saône, reprirent avec enthousiasme la cocarde tricolore; c'est alors que devant l'aigle d'Austerlitz s'inclinèrent les enseignes d'un trône qui avait voulu *retourner la roue du destin*.

Là fut consommée *de fait* la révolution de *mars;*

révolution qu'on a prétendu à grand tort avoir été toute militaire, comme si quelques phalanges de soldats pouvaient jamais imposer la loi à des millions de citoyens. Convenons, avec plus de vérité, que cette révolution fut saluée par le peuple, et que les soldats n'en furent que l'avant-garde, parce que ni l'un ni les autres n'avaient le don de double vue pour juger de l'avenir, et que tous deux étaient fatigués du présent. Nous ne saurions par conséquent penser qu'on puisse nous contester que ladite révolution n'ait été positivement terminée après les tentatives infructueuses du prince le plus rapproché de la couronne sur une ville de plus de cent mille ames, où il ne se trouvait qu'une poignée de soldats. En effet, l'opinion, qu'on n'avait pas su satisfaire par des concessions et qu'on ne pouvait plus comprimer, ayant trouvé dans cet événement majeur l'occasion de se faire jour, faisait résonner ses échos dans presque tous les départemens du midi, et en étendait les retentissemens jusqu'aux départemens du nord. Et, on le sait, l'opinion est une puissance dont les exécutions, les échafauds, les mares de sang, ne sauraient empêcher le triomphe dès qu'elle se manifeste. Si l'opinion, au 10 mars, n'avait pas acquis la force de la chose jugée, on aurait vu éclater spontanément de nombreuses démonstrations contre une expression de sentimens opposés à ceux de la majorité : on aurait vu s'engager la lutte. Eh bien ! l'événement de Lyon connu, *et avant que l'on sût la défection du maréchal Ney*, les ducs de Reggio et de Bellune ont-ils pu disposer des troupes dans l'intérêt du roi, quoique plus éloignés du foyer de l'insurrection ? Qu'ont pu faire Suchet et Masséna ? La dauphine, à qui tant d'infortunes donnaient le droit d'émouvoir les cœurs, a-t-elle, malgré ses larmes, pu enlever un seul régiment, un seul soldat ? Et sentant l'impossibilité de la résistance, n'a-t-elle pas généreusement défendu à ses partisans de courir la chance inutile des combats ? Le duc de Bourbon, lui qui avait à venger le meurtre d'un fils, a-t-il pu effectuer le soulèvement de la Vendée ? Les chefs les plus influens, les gloires du parti, n'y furent-ils pas contraires ? Une armée s'était formée sous Paris, aux ordres du duc de Berry, à laquelle se joignait la nombreuse maison militaire du souverain : à quoi servirent toutes ces forces ? Qu'a pu faire le **duc de Trévise**, si ce n'est d'assurer avec peine la retraite du roi, qui, abandonnant son palais le 20 mars, y fut remplacé le même jour?

Il est donc de toute évidence, quand les aigles de Napoléon, resplendissantes de gloire, avaient traversé la France de la plage de Cannes jusqu'aux murs de la capitale, sans qu'un seul coup de fusil ait arrêté leur essor et qu'une goutte de sang en ait souillé le retour, que la révolution de mars était, dès le 10, entièrement accomplie, qu'elle ne fut jusqu'au 20 attaquée par personne. Ce ne fut même que le 28 que le duc d'Angoulême se trouva en mesure d'ouvrir sa campagne du midi, qui, malgré quelques succès et la valeur dont il fit preuve, ne devait avoir d'autre résultat que de le faire tomber les armes à la main, au pouvoir d'un vainqueur assez grand pour oublier l'ordonnance du 6 mars, qui l'avait placé hors du droit commun des gens : le duc fut respecté dans sa personne et dans sa liberté.

Rattachons actuellement l'action reprochée au maréchal, et que l'on a si singulièrement exagérée dans ses conséquences, à l'ensemble des détails qui précèdent.

DE L'INNOCENCE AVÉRÉE DU MARÉCHAL JUSQU'AU 14.

Alors que le vertige et la démence semblaient se disputer les esprits, rien n'en pouvait combattre l'aveugle entraînement; mais aujourd'hui qu'il est permis d'en appeler aux hommes sages du pays, à ses dignes représentans, la conduite du maréchal Ney saura bientôt apparaître sous le jour de patriotisme sous lequel on devait la considérer. La suite des événemens, hors de la prévision des hommes, a pu la rendre une erreur; mais il fallait toute la prévention et l'insigne mauvaise foi de l'accusation pour oser y trouver l'œuvre préméditée de la perfidie : aussi, rendant les faits à leur importance réelle, dissiperons-nous sans peine les nuages qui pourraient encore obscurcir la vérité, et, comme nous, l'on trouvera sans tache une des plus belles vies que nous offre l'histoire.

C'est le 9 mars que le maréchal partit pour son gouvernement. Sur sa route, à Besançon, comme à Lons-le-Saulnier, où il se rendit le 11, partout il rappela constamment aux troupes leurs devoirs et leurs sermens envers l'autorité royale. Les dépositions des témoins, dont plusieurs étaient des plus favorables à l'accusation, les dispositions militaires prises, les ordres donnés, les lettres aux maréchaux Suchet et Oudinot, la correspondance ministérielle, les conseils qu'il a adressés, le désir exprimé de marcher à l'avant-garde, de combattre sous les yeux du comte d'Artois, se rendant à Lyon : tout a porté jusqu'à l'évidence que non seulement le maréchal avait pris congé du roi, jaloux de se rendre digne de la confiance que lui avait témoignée sa majesté, mais encore que jusqu'au 14 ses sentimens de fidélité restèrent inébranlables ; aussi le ministère public, bien certain de ne pouvoir établir le contraire, déclara-t-il renoncer à toute culpabilité antérieure. Mais l'un des défenseurs, l'honorable M. Dupin, ne voulut pas ainsi laisser placer, comme il l'a dit, *leur tête sous la foudre, il voulut qu'on expliquât comment l'orage s'était formé*. Son digne collègue, M. Berryer, sut donc faire ressortir des débats une justification plus victorieuse de la fidélité du maréchal jusqu'au 14, *que de la concession anticipée du procureur général.*

Nous n'entreprendrons pas une nouvelle édification de ce point d'une si haute importance morale, puisqu'il avait été reconnu comme incontestable, même au temps des plus mauvaises passions. Admettant donc en principe l'innocence du maréchal au 13, qui, à quatre heures du soir, donnait encore, dans les intérêts du roi, des ordres écrits qu'on a représentés, nous aborderons pour la combattre, pour la détruire, la criminalité au 14, qui a fait la base réelle de l'accusation de haute trahison portée contre le maréchal. Du reste, en examinant attentivement cette accusation, et surtout les développemens et les argumens qui ont servi à la soutenir, les chefs les plus importans de cet acte semblent se réduire à l'incrimination de *l'inaction du maréchal*, à la réception *des émissaires de Napoléon*, et à sa défection, ou *la reconnaissance de l'empire*. Ces griefs vont donc faire successivement l'objet de nos réfutations.

DE L'INACTION DU MARÉCHAL.

Certes, il fallait un bien grand désir de trouver le maréchal coupable, et une bien grande crainte de manquer des moyens de l'inculper, pour faire descendre l'accusation à tant d'absurdité!.... c'était vouloir assimiler le général qui, sur le sol natal, ne peut prendre d'initiative sans péril ou sans une responsabilité immense que l'amour du pays lui défend d'assumer sur sa tête ; au général que des désastres isolent, sur la terre étrangère, de l'ensemble des opérations d'une grande armée, et qui, trouvant des sympathies dans tous les cœurs, sait, pour le salut commun , élever ses soldats à son courage héroïque ; en un mot, c'était comparer le glorieux capitaine pouvant suivre les inspirations de son génie près des bords glacés de la Bérézina, au chef que devait guider le pouvoir sur les rives insurgées du Rhône et de la Saône.

On a cité les ordres ministériels pour fortifier le blâme attaché à l'inaction du maréchal : eh bien ! pour le réduire à sa juste valeur, nous les invoquerons à notre tour, mais avec plus de compétence. Que portent, en effet, ces ordres sinon l'injonction formelle de *seconder* le prince qui se rendait à Lyon pour y prendre le commandement général des troupes ? Or, il n'y a dans le métier des armes que trois manières de *seconder :* soit en tenant une position en arrière des corps avancés, pour leur servir de point d'appui, soit en suivant un mouvement offensif direct, pour y prendre part au besoin , ou en allant se jeter sur les flancs de l'ennemi pour l'attaquer ainsi ou le prendre à revers; et dans chacun de ces cas, il y a nécessité de recevoir des instructions avant d'agir, car il ne peut être indifférent de se porter en avant, à droite, à gauche, ou de se maintenir où l'on est placé. Dès qu'on doit *seconder*, rien ne peut plus sans inconséquence, sans danger, être livré au libre arbitre : tout doit se lier, se coordonner et se subordonner aux vues de celui qui dirige l'ensemble des opérations. Aussi le maréchal, *qui devait tenir les forces de son gouvernement à la disposition du comte d'Artois*, n'avait-il rien à entreprendre de son chef, et ne pouvait *manœuvrer pour entraver et anéantir l'ennemi*, que sur des mouvemens combinés avec le prince. L'inaction du maréchal ne pouvait donc avoir de caractère répréhensible et criminel qu'autant qu'ayant reçu des ordres de S. A. R. il ne les aurait pas exécutés; et il est peu probable que si l'on avait eu un reproche aussi grave à lui faire, on l'eût passé sous silence.

Mais si le maréchal a dû croire qu'il n'avait pas à jouer le rôle de partisan, et qu'il devait attendre des instructions avant de rien entreprendre de sérieux, il n'en était que plus persuadé, comme le ministère public aux jours du procès, *qu'il n'avait pas été envoyé dans son gouvernement pour y rester les bras croisés ;* et comme son zèle et son dévoû-ment n'étaient ni contestables ni stériles, il donna les soins les plus empressés et les mieux entendus à se mettre en état de *seconder* le comte d'Artois *d'une manière efficace.* Voilà pourquoi, ne pouvant être utile à Besançon, où il avait à peine 600 hom-mes, il en part le 11 mars et vient s'établir à Lons-le-Saulnier pour se rapprocher du prince ; pour-quoi il écrit au ministre que *ce n'est pas à Lyon, mais à* Grenoble *que Monsieur doit aller ; qu'on n'a pas un instant à perdre, qu'il faut que les troupes viennent en poste,* ce qu'il ne cessait de demander : voilà pourquoi, dès le 12, il prend des mesures pour établir une ligne télégraphique, afin de savoir plus promptement où diriger les secours ; pour-quoi, lorsqu'il ordonne de réunir les gardes natio-nales de Dôle, il confie cette mission délicate à un ancien gentilhomme bien connu par son attache-ment à la famille royale ; pourquoi il fait connaître au duc de Feltre qu'il manque d'artillerie et d'atte-lages ; pourquoi il lui renouvelle deux fois le 13 ses demandes de renforts, et ouvre une correspon-

dance avec les maréchaux Oudinot et Suchet en
en reclamant le concours : voilà pourquoi, le même
jour, il écrit au commandant de la 18e division militaire à Dijon, qui dans le procès a montré un si
noble caractère et tant d'indépendance, *qu'il faut
éviter les petits détachemens, porter des troupes
et de l'artillerie à Auxonne, et surveiller le cours
de la Saône;* et pourquoi il dicte enfin, le même
jour, ces instructions qui devaient ne laisser à personne le droit de mettre en suspicion la pureté et
la loyauté de ses intentions : voilà quelle a été
l'inaction du maréchal Ney. Aussi nous écrierons-
nous comme Berryer, son chaleureux défenseur :
*Quel est celui des serviteurs du roi qui a montré
plus de zèle et pris plus de précautions ?*

Nous sommes au surplus à nous demander encore,
lorsque rien, pour de bonnes raisons sans doute,
n'a été précisé sur la grande inaction du maréchal,
ce qu'on exigeait qu'il fît, et quand il devait opérer
un mouvement quelconque. Sur ce dernier point
nous ferons observer qu'il était difficile d'effectuer
une réunion de troupes avant le 12, attendu
qu'elles avaient été échelonnées dans la division
par petites fractions, non par les ordres du ma-

réchal, pour en faciliter la défection, comme on l'a prétendu, mais d'après un itinéraire ministériel, et dès lors avec un dessein contraire.

Qu'aurait donc pu exécuter le maréchal au 12, en le supposant libre d'agir sans être informé des projets du prince? Se serait-il porté en avant, sans que ce mouvement fût général, selon les règles les plus simples de la stratégie, pour les 5e et 18e divisions, ce qui nécessitait des ordres? Mais n'était-ce pas inutile, si Monsieur s'assurait de Lyon? et dans le cas contraire, c'était commettre une faute grave; c'était s'ôter la ressource précieuse d'une seconde position occupée, dans le cas où la défection ne se fût pas étendue à tous les corps, et qu'on aurait eu une retraite à effectuer. A la nouvelle de l'événement de Lyon, que pouvait faire de plus le maréchal, dans une telle occurrence, que d'appuyer les points de Bourg et de Mâcon, sur l'un desquels il était si naturel de supposer que le prince se retirerait?.... Il faut donc en convenir, le maréchal Ney ne fut pas moins irréprochable sous le rapport de ses dispositions militaires, que sous celui des sentimens de dévoûment dont il avait multiplié les témoignages jusqu'au 14, c'est-à-dire jusqu'au moment *même de la puissante considération* qui le rallia sous l'ancien drapeau des couleurs nationales : ce glorieux drapeau qui fit peut-être plus, par son magique souvenir, la révolution de mars que celui qui le rapportait.

Mais s'il demeure constant que la conduite militaire du maréchal fut exempte de reproches sérieux, d'un autre côté on manque d'expression pour qualifier celle de Monsieur, qui, forcé de quitter Lyon en toute hâte, au lieu de se retirer sur les troupes des 5e, 6e et 18e divisions, va porter, en personne, à Paris le démenti de ses prétendus succès, pour y décourager et y glacer les dévoûmens que leur croyance avait fait naître ; car on avait, par une communication prématurée, annoncé à la grande cité, du haut du balcon des Tuileries, la défaite de Napoléon, quand le prince, au contraire, ne semblait être arrivé au chef-lieu du département du Rhône que pour assister à la défection des troupes, et à des manifestations populaires bien propres à lui faire concevoir de graves inquiétudes sur l'audacieuse entreprise du banni de l'île d'Elbe.

Sans qu'on ait eu à rendre le prince responsable du triste résultat de sa mission, dont on ne pouvait accuser que le gouvernement qui, frappé de stupeur et par une incapacité peu commune, augmentait incessamment l'état critique de la crise, il n'en fut pas moins à blâmer sévèrement de n'être pas venu tenter une nouvelle chance de fortune avec les forces qui lui restaient. En rejoignant le maréchal le 11, ne rendait-il pas plus faciles les dispositions à prendre, soit pour opposer de la résistance, avec les forces des 5e, 6e et 18e divisions à son habile adversaire sur les lignes de la Loire, de la Saône et du Doubs, soit qu'on se fût déterminé à aller prendre des positions plus rapprochées de la capitale pour la couvrir, et dans l'espoir, d'ailleurs, que des mouvemens combinés par les 4e, 15e, 19e et 20e divisions viendraient jeter la terreur sur les derrières de cet ennemi redoutable ? Le retour précipité de Monsieur à Paris ne pouvait y produire que le plus mauvais effet, quand sa présence à l'armée pouvait peut-être encore y exciter le zèle des dévoués, entraîner les timides et imposer à ceux qui sourdement se préparaient à changer d'étendard. Ce n'était pas à lui à préjuger les défections ; son seul devoir était de chercher à les empêcher de se renouveler, de faire tête à l'orage , de le conjurer, s'il était possible ; enfin , il appartenait à un descendant d'Henri IV de rester au lieu du danger jusqu'à la dernière extrémité : un événement peut ne pas toujours décider d'un autre semblable ! Voilà par quel motif, sans doute, l'on vit à Bordeaux la petite-fille de Marie-Thérèse, digne de son illustre aïeule et digne d'une meilleure destinée , se porter de caserne en caserne, malgré les dispositions inquiétantes des troupes , haranguer les soldats et ne désespérer du sort de la couronne qu'après avoir eu le courage héroïque d'essuyer dans chaque quartier le refus d'en prendre la défense.

Quant au maréchal, il eut à ressentir le premier et avec le plus de violence, dans l'étendue de son commandement, le déplorable effet de ce que l'on n'avait pu conserver Lyon à l'autorité du roi ; mais en ne venant pas se placer à la tête des troupes qui restaient sous ses ordres , le prince ajoutait encore à la fâcheuse impression que produisit cette nouvelle sur l'esprit des soldats. N'était-ce pas témoigner la crainte de voir s'effectuer une nouvelle défection sous ses yeux ? Comment alors a-t-on pu s'attendre à ce que le maréchal puisse faire garder une fidélité sur laquelle n'avait pas osé compter l'héritier du trône ? D'un autre côté, en se retirant avec une précipitation sans égale, sans adresser la moindre instruction au maréchal, en le laissant sans nouvelles, ne prenant aucune disposition pour user de ses ressources et en régler l'emploi en raison des événemens qu'il pouvait apprécier mieux que personne, le prince ne donnait-il pas naturellement le droit de penser qu'il regardait la cause royale *comme perdue ?* n'autorisait-il pas à croire qu'on abandonnait tout projet de défense? car, quand on songe à se défendre, on commence par s'arrêter, surtout où il y a des troupes : en les évitant, n'était-ce pas annoncer qu'on ne voyait plus de salut que dans une nouvelle émigration, et qu'on allait la préparer ?.... Telles devaient être, en effet, les conséquences à tirer de l'inexplicable conduite du prince, dont il n'était guère permis de faire ressortir toute l'importance lors du procès, et qui, pourtant, ont exercé sur les résolutions du maréchal la plus grande et la plus funeste influence.

DES ÉMISSAIRES DE NAPOLÉON.

De quelque urgence qu'il fût pour le maréchal d'être instruit promptement , immédiatement même, de l'occupation de Lyon , ce ne fut que le 12 qu'il eut connaissance de cette circonstance importante par un habitant de cette ville, qui s'en était éloigné par dévoûment au roi, et qui lui donna à cet égard les détails les plus précis. Le maréchal, ayant appris aussitôt la retraite du prince sur Moulins, s'empressa de lui en signaler les dangers, et de le supplier de lui accorder un rendez-vous pour concerter leurs opérations ; mais il ne devait plus en entendre parler.....

. C'est alors que se répandirent par milliers, dans les villes et jusqu'au plus faible hameau, des proclamations au nom de l'empereur, où se retrouvait cette énergie de langage, cette parole hardie qui semblait commander au destin, et dont nul n'avait su pousser à un aussi haut degré que lui la puissance magique. Aussi, fanatisant non moins les paysans que les soldats, les uns et les autres répétaient-ils , avec un égal enthousiasme, ces mots heureux : *La victoire marchera au pas de charge, et l'aigle nationale volera, de clocher en clocher, jus-qu'aux tours de Notre-Dame!...* Ce fut par les sou-venirs que ces proclamations éveillèrent spontané-ment dans les esprits que l'insurrection s'étendit avec tant de rapidité et d'une manière si ef-frayante.

Dans le même temps, on vit arriver de toutes parts, à Lons-le-Saulnier, des émissaires de l'éton-nant triomphateur, qui, s'avançant toujours avec une sécurité incroyable, *fascinait tous les yeux et troublait toutes les imaginations.* Quelques uns de ces émissaires parvinrent jusqu'au maréchal, sous le prétexte officieux de lui donner des rensei-gnemens sur l'état positif des choses. Ils lui assu-rèrent, ainsi que le bruit en courait déjà, *que l'en-treprise de Napoléon était concertée avec l'Au-triche, et que l'Angleterre la favorisait; que tout était arrangé depuis trois mois avec ces puissances, et que Murat, victorieux, allait bientôt donner la main à son beau-frère.* Toutes ces assertions se trouvaient surtout confirmées par une lettre du général Bertrand, qui, lui-même, les croyait, sans doute, et dont l'honorable caractère devenait une forte garantie de leur authenticité. Ce général, en lui faisant connaître les proclamations des autorités de Lyon, qui annonçaient le départ du roi, cherchait en outre à lui prouver, prévenant et levant toutes les objections, lui sauvant même jusqu'à l'embarras d'une proclamation, *qu'une opposition prolongée de sa part n'aboutirait plus qu'à livrer la France aux déchiremens et aux horreurs de la guerre civile, et qu'il serait responsable du sang français qui pourrait être versé.....*

Telle a été la mission purement parlementaire de ces envoyés qui n'avaient eu besoin en rien des ombres de la nuit pour en remplir l'objet, comme on l'a dit sans pouvoir le justifier. L'accusation, qui n'a pas ménagé les déclamations à leur égard, nous a donc paru ne tenir aucun compte des circonstances extraordinaires du moment, qui, dans l'intérêt public, commandaient impérieusement de les écouter ; d'autant plus qu'un message, avec ou sans les sons de la trompe, est toujours dans le droit des gens, dès qu'il n'a d'autre but que d'établir que l'effusion du sang est devenue inutile entre les parties ; ce ne sont jamais ces sortes de faits isolés qui constituent les intelligences coupables.

La lettre du général Bertrand ne put, toutefois,

déterminer le maréchal à reconnaître immédiatement l'empereur ; mais elle produisit sur lui la plus
profonde impression. La crainte de faire naître une
guerre intestine , de faire verser le sang français,
devint, pour son noble cœur, le supplice de tous
les instans : on avait attaqué chez lui le seul en-
droit vulnérable !

DE LA RECONNAISSANCE DE L'EMPIRE.

Malgré le fatal événement de Lyon, le silence
inconcevable du comte d'Artois, et celui non moins
étrange du ministre de la guerre, quand dans une
telle crise la correspondance devait être si active,
le maréchal croit devoir, cependant, redoubler
d'efforts pour ranimer la foi ébranlée de ses soldats : il lui semble encore que c'est servir les vœux
de son pays, que c'est en défendre la cause. Mais
bientôt ses bonnes et loyales intentions deviennent
impuissantes ; chaque moment ajoute à ses anxiétés
et accroît les embarras de sa position, par les défections qu'on ne cesse de lui annoncer. L'agitation
et l'effervescence qui se manifestent dans les corps
achèvent de le convaincre qu'ils ne seront conduits
contre l'ancien chef de l'empire que pour en gros-

sir les rangs; qu'enfin il n'est pas plus possible de combiner un mouvement offensif ou de résistance qu'une marche rétrograde. L'orage est prêt à éclater sur sa tête, car, répétant une de ses réponses, *la fureur révolutionnaire s'emparant de tous les esprits, du 13 au 14, personne n'aurait pu disposer des troupes et leur faire quitter la place contre leurs vœux.*

Les faits ici se heurtent et se pressent. Déjà le premier fonctionnaire du département de l'Ain a été forcé de fuir sa résidence; le drapeau tricolore flotte à Mâcon et à Bourg; le maréchal n'est plus qu'au milieu d'un foyer d'insurrection! Les manifestations de la multitude en faveur du souverain de l'empire éclatent de toutes parts avec la rage d'un ardent fanatisme; les habitans des champs et des montagnes se précipitent sur ses pas, l'appellent, le cherchent, et, le saluant de leurs acclamations, font retentir les airs des cris animés de *vive l'Empereur!* — Son approche, partout, excite des transports d'enthousiasme qui tiennent du délire! A Châlons, à Dijon, la foule se jette sur les canons qu'on veut lui opposer; reconnu, proclamé, même avant d'arriver dans les lieux qu'il doit parcourir, partout Napoléon rattache à sa fortune les populations qu'il traverse; enfin, dans sa course, dont on ne saurait rendre la célérité ni le triomphe, il s'avance, non avec la crainte et les soins d'un conquérant, mais comme un prince qui, entouré de l'amour et des hommages des peuples, administre ses vastes états!..... C'est dans cette situation des choses que tous les rapports militaires et civils aux agens du pouvoir royal et les feuilles publiques du temps ont consacrée, et que devait enregistrer l'histoire; c'est dans cette situation difficile, affreuse pour la responsabilité du commandement, et unique dans les annales des nations, que le maréchal, oublié du gouvernement, sans rien qui le rassure et le guide, désire s'éclairer des lumières de ceux qui l'environnent...

Avait-il donc besoin d'avis? a dit le ministère publique. — *L'honneur lui laissait-il le choix du parti qu'il avait à prendre?* — Pour trahir, comme l'entendait le soutien de l'accusation, non sans doute : le traître ne consulte personne! et pour se faire des complices, il veut en être sûr avant de les réunir! Mais on peut, lorsque l'on se croit délié *de fait* de ses engagemens envers un prince que tout annonce en fuite, prendre des conseils sur ce qui serait dans le plus grand intérêt du pays, *pour empêcher le sang français d'être répandu par des Français;* et le soldat qui, vingt-cinq ans, n'avait connu, selon l'expression de Berryer, *qu'un souverain au monde, la patrie,* a pu s'arrêter à la pensée qu'il y avait de l'honneur, oui! de l'honneur, à chercher de sauver à la France le retour de la guerre civile. Sous la préoccupation incessante des horribles souvenirs de ce terrible fléau, dont il avait connu jadis tous les jours de sang, de carnage et d'anarchie, le maréchal pouvait-il donc être coupable, en aspirant de tous ses vœux à ne point en voir, sans objet, rallumer les brandons? N'était-ce pas se montrer pénétré des nobles devoirs qu'impose, au dessus de tous les autres, l'intérêt général, que de vouloir atteindre à ce but si louable et si sacré; que de vouloir enfin discuter si la proclamation qu'on lui avait adressée pour reconnaître le régime impérial n'était pas une nécessité à subir afin de préserver le pays des plus grands malheurs? Etait-ce d'un traître, ou d'un brave tout dévoué au bonheur, au repos de la grande famille, que de s'ouvrir franchement de ses intentions, en raison de l'importance dès circonstances, devant ceux qui, s'ils trouvaient l'action honteuse et criminelle, pouvaient si facilement l'empêcher de s'accomplir, en arrêtant le maréchal, en l'immolant même, s'il le fallait, lorsqu'il était sans moyens de se défendre ou de fuir; surtout s'ils croyaient leurs sentimens partagés par le plus grand nombre des militaires, et lorsqu'ils avaient pour réfléchir et agir, contre le maréchal, plus de deux heures, en raison du temps nécessaire au rassemblement qu'il avait ordonné dès corps qui se trouvaient dans la place?

Les troupes ayant été réunies vers le milieu du jour, le maréchal fit lui-même, contre l'usage, sans doute, mais dominé par tout ce que le moment offrait de grave et de solennel, la lecture de cette proclamation, dans le but de calmer un peu plus tôt l'impatience et l'effervescence des soldats qui, dès les premiers mots, firent entendre les cris de *vive l'Empereur!* Cette lecture, au dire même d'un témoin non suspect, *causa un enthousiasme extraordinaire.* — Nous n'avons guère, au surplus, à nous étendre sur cette proclamation du maréchal, qui ne fut *qu'une conséquence obligée* du fait de sa nouvelle situation politique, et qui n'était, à bien le prendre, *qu'un ordre du jour*. Nous ferons cependant observer que le maréchal avait été en tout point étranger à son émission, qu'elle fut même répandue avant qu'il en eût eu connaissance, ce qui en explique l'anti-date. Mais ce qu'il est essentiel de bien rendre aux souvenirs, c'est la lettre hardie et courageuse à Napoléon, qui, pleine de franchise et de patriotisme, a suivi aussitôt la lecture de sa proclamation. On nous permettra donc de la rapporter ici :

« Je ne suis pas venu vous joindre par considé-
« ration ni par attachement pour votre personne.
« Vous avez été le tyran de ma patrie; vous avez
« porté le deuil dans toutes les familles et le déses-
« poir dans plusieurs ; vous avez troublé le monde
« entier. Jurez-moi, puisque le sort vous ramène,
« que vous ne vous occuperez plus à l'avenir qu'à
« réparer les maux que vous avez causés à la
« France ; jurez-moi que vous ferez le bonheur du
« peuple. Je vous somme de ne plus prendre les
« armes que pour maintenir nos limites, de ne plus
« les dépasser pour aller au loin tenter d'inutiles
« conquêtes. A ces conditions, je me rends pour

« préserver mon pays des déchiremens dont
« il est menacé. » — Ah ! ce n'est pas ainsi que
s'expriment les traîtres !....

Quelqu'un s'est-il élevé actuellement contre la
proclamation, quand le maréchal en a représenté
l'urgence, c'est ce que nous regardons inutile d'exa-
miner : nous voulons défendre et non point accuser. Ainsi, peu nous importe que le maréchal ait
trouvé ou non de timides conseils, des hommes jaloux de se ménager le jour et le lendemain ; que
ceux qui l'entouraient aient été ou non soucieux,
mornes, fascinés, sans voix, sans courage effectif ;
une seule chose nous occupe, c'est d'innocenter
en tous points l'illustre maréchal. Nous laisserons à
d'autres le soin de qualifier la conduite de ceux qui
l'ont quitté deux jours après lui avoir préparé la
réunion des troupes pour la lecture de cette proclamation ; qui se sont ensuite rapprochés de lui
dans la capitale, pour le suivre aux plaines de la
Belgique, et pour le quitter encore quand l'horizon,
se chargeant de nuages, semblait offrir à *Gand*
un ciel moins nébuleux qu'à Waterloo.

Revenant au maréchal, complétons d'une manière irrécusable la preuve qu'il n'a manqué en

rien aux exigences de l'honneur, en reprenant, le
14, les glorieuses bannières de l'empire. Ce qu'il a
fait, il devait le faire, et tout autre l'eût fait à sa
place, à moins de n'avoir tenu aucun compte de ce
que commandait l'intérêt général, à moins de n'a-
voir porté dans son cœur aucun amour de la
patrie; car c'est à ce seul motif qu'il faut attribuer
la détermination du maréchal. Mais la grandeur de
ce motif pouvait-elle être comprise par les fougueux partisans, les énergumènes du droit divin;
par ceux pour qui *le roi* était *l'état;* qui n'avaient
de croyance qu'aux doctrines des vieux temps, ne
voyaient de salut que dans l'ornière de la routine,
et pour qui le prince enfin, quelles que fussent ses
erreurs, ses fautes, ses crimes, devaient toujours
rester l'objet d'un culte servile? Non, ce motif, qui
peint l'ame si noble du maréchal, ne pouvait être
apprécié de ces êtres qui, étrangers à l'amour du
foyer, n'aspirent qu'aux faveurs des cours; nourris
d'orgueil et d'égoïsme, ils n'en pouvaient sentir ni
l'élévation ni la puissance!—Pour eux, le maréchal
ne cède pas même *aux souvenirs de ses anciens
rapports* avec celui dont il étendit la gloire; il n'est
pas même *subjugué par l'ascendant de cet homme*

audacieux qu'avaient déifié, par leurs hommages, les souverains de la terre : pour eux, c'est *sa vanité flattée, son ambition qui se réveille, qui lui font accepter le crime et* passer *du côté de la fortune!....* Que d'infamie dans ces allégations!—N'était-ce pas assez de l'accusation la plus grave, sans y ajouter gratuitement encore des insultes au malheur! — Quoi! c'est un guerrier, si long-temps le modèle de la loyauté, couvert de palmes, une de nos plus hautes célébrités, chez qui les vertus le disputaient aux exploits; qui aurait cessé de défendre un prince dont il avait embrassé la cause, sans que rien de louable, sans que rien de grand, ne lui en eût imposé le devoir ? — C'est un vil intérêt personnel, des considérations futiles, ignobles, qui seuls auraient décidé de son action, pour lui imprimer soudain le cachet d'un odieux attentat?.... Ah! pour l'honneur de l'humanité, de notre gloire nationale, il n'en était, il n'en pouvait pas être ainsi! — *Le brave des braves* n'a point *passé* du côté de la fortune, il est *resté* du côté de la France!!!

Le maréchal, homme simple et modeste (et qui ne reçut jamais de *bienfaits publics du roi,* comme on a osé l'avancer), s'était élevé à une dignité si éminente de l'Etat, et jouissait de tant de renommée, qu'en vanité comme en ambition il n'avait à former aucuns vœux : le prince, quel qu'en eût été le drapeau, ne pouvait plus rien ajouter à sa haute position sociale et militaire. — Sa conduite fut si loin d'être le résultat d'un calcul honteux, que par elle il abandonnait son repos et son sort aux chances du destin, quand, dans la voie contraire, il se mettait, quoi qu'il pût arriver, à l'abri de ses coups. En effet, si, au lieu de comprendre la mission suprême du commandement en chef, en restant à la tête de ses troupes pour en modérer l'exaltation et en maintenir la discipline en faisant respecter les lois, l'ordre public, les opinions, les personnes et les propriétés, ce qui fit attacher tant de bénédictions à son nom ; si, disons-nous, au lieu d'accomplir ce devoir sacré, il eût abandonné ses soldats à toute l'effervescence révolutionnaire qui s'était emparée de leurs esprits et se fût rendu près du roi, c'était s'assurer sa faveur en cas de retour, et s'il perdait à jamais la couronne, le temps lui eût ménagé un rappel certain auprès de l'empereur. — Laissons donc au maréchal, dans la position critique et inouïe où il s'est trouvé placé, le mérite de n'avoir cédé qu'à des inspirations généreuses, qu'au noble désir, nous ne pouvons trop le répéter, de prévenir l'effusion du sang pour un prince que personne ne parvenait à défendre, et pour lequel, sur les soldats et sur les citoyens, les voix des Masséna, des Macdonald, des Suchet, des Oudinot et des Mortier, étaient restées impuissantes.

Mais comment le maréchal, demandera-t-on peut-être encore, a-t-il pu se croire délié de ses engagemens?—Comment n'a-t-il tenté aucune défense, aucune retraite?— Comment n'a-t-il pas vu les maux qu'il allait causer?—Comment enfin, après avoir manifesté, le 13, tant de dévoûment au roi, après avoir pris, suivant ses ordres dudit jour, des précautions si sages et établi un plan de campagne si détaillé, comment a-t-il pu, et si tôt, consommer la plus complète défection?

A tout cela nous répondrons d'abord, ainsi qu'il le fit lui-même : *Après la tempête, il est facile de faire des raisonnemens sur l'orage qu'on a éprouvé!* — Toutefois, s'il est vrai de dire qu'il fut circonvenu, entraîné comme par enchantement, nous devons ajouter aussi que les circonstances furent telles qu'il était impossible qu'il pût résister au torrent qui débordait et entraînait tout dans ses flots, ce qui nous fonde à croire qu'il n'eût été permis à personne d'y opposer une digue; et l'on partagera ce sentiment avec nous, si l'on daigne nous suivre encore dans l'examen des dernières objections que nous venons de rappeler.

1° Le maréchal, qui avait acquis la certitude que le départ du roi était affiché à Lyon, à vingt-sept lieues de son quartier-général, pouvait-il mettre en doute cette importante nouvelle, quand aucun message de Paris ne venait la lui démentir? D'un autre côté, lorsqu'il avait perdu tout espoir d'entrevue avec le comte d'Artois, qu'il ne recevait de lui et du ministre ni instructions, ni ordres, ni secours, comment présumer que le gouvernement aurait fait preuve de tant d'oubli et de tant d'abandon pour un des points sérieux de la défense, s'il avait eu l'intention de prolonger la lutte? et quand rien ne témoignait de sa prévoyance, de son intelligence et de son énergie, qui n'aurait pensé qu'il n'avait lui-même désespéré de sa cause? Qui aurait pu croire qu'il existât encore? Que pouvait-il y avoir d'apocryphe dans l'annonce officielle, faite si loin de la capitale, du départ du roi, que Monsieur, d'ailleurs, avait été rejoindre avec tant de célérité ? Envers qui donc, dès-lors, le maréchal restait-il engagé, si ce n'était envers la patrie ?

2° A la conviction de l'absence de la famille royale se joignait en outre l'impossibilité de songer à la moindre résistance, parce que les dispositions non équivoques des habitans et des militaires n'avaient plus à laisser dans l'esprit du maréchal aucune incertitude à cet égard. — La retraite que le gouvernement avait pu et devait positivement ordonner le 11 ou le 12, et qu'il était formellement interdit, militairement et politiquement, d'exécuter sans ordres, n'était plus praticable le 13, quand les troupes de Mâcon et de Bourg avaient forcé leur général à passer sous l'étendard des aigles; elle l'était bien moins encore le 14, quand le maréchal était débordé par Napoléon qui occupait Châlons et était déjà tout-puissant à Dijon et à Autun; et quand enfin, évidemment cerné par l'insurrection, il ne pouvait opposer à plus de 15,000 soldats, pleins d'ardeur et d'enthousiasme, que 2 à 3,000 hommes qui semblaient n'attendre que le moment de fraterniser avec eux. — Pour se retirer sur Besançon et avant de s'enfermer dans cette place, où l'opinion n'était pas unanime, il eût fallu se battre contre une partie de ses propres troupes, sans en rendre plus heureux le destin des Bourbons.

3° La prétendue défection du maréchal, qui ne fut, dans le vrai, qu'une pure et simple adhésion à un gouvernement *de fait*, quand celui *de droit* avait totalement cessé de lui donner des signes de vitalité, a-t-elle eu, maintenant, pour le pays toutes les funestes conséquences qu'on lui a attribuées ? A-t-elle *plongé la France dans un gouffre de maux ?* a-t-elle été *la source des calamités qu'une fatale usurpation a attirées sur elle ? féconde en immenses malheurs*, a-t-elle *contribué puissamment à la perte de l'Etat*, et a-t-elle été *suivie d'une catastrophe sur laquelle on osait à peine faire reposer son attention ?* — Non, l'action du maréchal n'a point eu de si déplorables suites ; elle ne fut pas la cause *déterminante* de la révolution des cent-jours ! Il y a eu à le prétendre plus que de l'acharnement, plus que de la perfidie, il y a eu du ridicule et de l'absurdité !

Les défections de Grenoble, de Valence, de Lyon, de Ville-Franche, de Bourg, de Mâcon, de Châlons, et l'on pourrait dire de Dijon et d'Autun, ont précédé la sienne. Elles éclataient non seulement sous les yeux de celui qui les provoquait par sa seule présence, mais encore loin de lui par l'éclat de son nom, les souvenirs de sa gloire et de sa puissance, partout où il y avait une garnison, un détachement. Elles se propageaient avec une telle impulsion électrique qu'il était facile de prévoir que rien ne pourrait les arrêter et qu'elles deviendraient générales. La défection du maréchal, quand Lyon avait ouvert ses portes, ne pouvait donc être comptée que pour sa valeur numérique. Certes, quand une armée sous les yeux des princes et du roi n'a pu rien entreprendre pour le salut du trône, ce n'est pas 2,000 hommes de plus ou de moins, confinés dans une forteresse, ou portés sous les murs de Paris, qui auraient fait changer le sort des armes. Le maréchal ne saurait donc être responsable des conséquences d'un événement qu'il ne pouvait empêcher en aucune manière ; n'accusons des malheurs de la péripétie de 1815 que les agens du pouvoir d'alors, qui, complétement dépourvus des mérites qui font les hommes d'état, n'ont pu comprendre en rien les devoirs qu'ils avaient à remplir.

4° Quant au brusque changement des dispositions du maréchal, ils se justifient naturellement par
la violence d'une crise où les heures chargées d'é-
vénemens prenaient l'importance des jours, les
jours celle des semaines et des mois, où tout enfin
se succédait avec une rapidité jusqu'alors inconnue
dans la mémoire des hommes. C'est ainsi que le
maréchal se trouva, tout à coup, dans l'alternative,
ou de reconnaître sur-le-champ le prince qui depuis 160 lieues voyait accourir vers lui *le peuple et
l'armée*, ou de commencer aussitôt la guerre civile
pour un souverain qui ne pouvait déjà plus lui
opposer *ni armée ni peuple.*—Le choix pouvait-il
être douteux pour le généreux guerrier qui avait
donné tant de fois à la France des preuves du dévoûment le plus absolu ? Aussi, s'écria-t-il : Non !
je ne serai point l'auteur d'une guerre impie; non,
je ne ferai point couler à flots le sang de mes
frères *pour une cause perdue;* je ne marcherai
point pour elle *sur soixante mille cadavres : La
patrie avant tout!* arborons donc les couleurs nationales;

« Et sauvons *les Français,* dussent-ils être ingrats ! »

Ici, se termineront nos confutations sur tout ce qui a été de quelque poids dans l'accusation portée le 16 novembre contre le maréchal Ney. La vérité prête tant de force au langage, que nous osons nous flatter, quel que soit le mérite qui nous ait manqué pour revêtir nos pensées d'éloquence, que nous avons porté jusqu'à la conviction l'innocence de l'infortuné maréchal. N'est-il pas, en effet, incontestable que le pouvoir, par l'ignorance où il l'a laissé des événemens et des conséquences à tirer de son silence, l'a mis dans la nécessité de se soumettre au vainqueur ; n'est-il pas hors de doute, que toute opposition n'eût été qu'éphémère et inutile ; tous les faits ne confirment-ils pas que le maréchal n'a pas agi comme l'auxiliaire d'une révolte, mais comme l'adhérent forcé d'une révolution populaire *accomplie* dès le dix mars ; *qu'il ne fut frappé que d'une seule pensée, celle d'éviter la guerre civile*, et que de plus il n'était pas même en sa puissance par la fermentation des esprits, non moins que par l'enthousiasme avec lequel on reprenait les insignes de l'empire, de tenir une autre conduite ? Aussi celui dont on n'approche la tombe qu'avec respect et vénération, celui que l'on peut admirer à l'égal des plus beaux noms de l'antiquité, si nous ne nous abusons pas, si le cœur ne trompe pas la raison, ne sera plus aux yeux de personne qu'une auguste victime immolée à l'orgueil blessé de la Restauration, qui, ne voulant pas reconnaître qu'elle avait été renversée par l'énormité de ses fautes et l'inaffection des peuples, chercha à rejeter sur la trahison, en la créant même où elle ne pouvait jamais être, ses malheurs et la honte de sa chute.

Voilà pourquoi l'illustre maréchal Ney, duc d'Elchingen, prince de la Moscowa, dut comparaître devant un conseil de guerre le 8 novembre : Oui ! le 8 novembre, à l'un des plus grands jours de sa brillante carrière ! à ce jour où Magdebourg, ouvrant ses portes à son fougueux courage, vit tomber en son pouvoir 20 généraux, 60 drapeaux, 800 pièces de canon, et défiler devant lui 22 mille hommes, qui égalaient en nombre la force de ses braves. Ah ! c'est à lui qu'il eût été permis de dire, le front ombragé de lauriers, probe, intègre, généreux et humain, pouvant disputer de vertus et de gloire avec le héros de Carthage : A tel jour j'ai vaincu ; Français ! allons en remercier les dieux !!! Mais le conseil de guerre ne devait pas le juger.

Le Nestor de l'armée, Moncey, refuse de siéger, et Jourdan, Masséna, Augereau, Mortier, les vainqueurs de Fleurus, de Zurich, d'Arcole, de Diernstein, et Gazan, Villate et Claparède, qu'illustraient tant de combats, se déclarent incompétens ; c'est la chambre des Pairs de 1815, qui prononça la fatale sentence. Ce fut *Gand* qui jugea *Waterloo !*

CONCLUSION.

Quand la conduite du maréchal était exempte de criminalité, comme nous croyons, du moins, l'avoir démontré; quand, eût-elle été coupable, la convention de Paris défendait de le juger; quand, avant de l'entendre, une loi devait définir les crimes d'état dont avait à connaître la Cour des Pairs, conformément à l'article 33 de la Charte justement invoqué par l'un de ses défenseurs, et quand la défense a été constamment limitée et entravée, n'a-t-on pas le droit de dire que jamais condamnation ne fut plus inique, plus infâme, que jamais on ne fit plus mépris des lois? n'a-t-on pas enfin le droit de conclure, en requérant la réhabilitation de la mémoire du maréchal, *que rien ne s'y oppose, et que tout la commande !*

C'est donc pénétré de ces deux grandes vérités qui ont servi de textes aux deux parties de ce mémoire; c'est quand il serait si heureux, si utile de prouver que la patrie ne sait pas payer par l'indifférence, l'oubli et la plus noire ingratitude, le sang qu'on verse pour elle et les immenses services qu'on lui rend; c'est en citoyen indépendant, affranchi de tous les jougs et étranger à tous les partis; c'est, ému par le seul intérêt général de la France, que nous avons cru devoir user du droit de pétition et nous adresser à la chambre des députés de 1838, pour qu'une loi réhabilite enfin la mémoire de l'illustre maréchal Ney. Puisse donc bientôt cette requête être prise en considération!

FIN.

PÉTITION

ADRESSÉE A LA CHAMBRE DES DÉPUTÉS

POUR

DEMANDER LA RÉHABILITATION DE LA MÉMOIRE

DU MARÉCHAL NEY.

1838.

A Messieurs les membres de la Chambre des Députés.

Paris, ce 7 décembre 1838.

Messieurs les députés,

Le calme des esprits nous faisant croire le moment opportun, pour réclamer, par voie législative, la réhabilitation de la mémoire du maréchal Ney, nous avons pensé que l'initiative d'une loi à cet égard devait vous appartenir comme représentans directs de la France, lorsqu'il s'agissait d'un acte réparateur que commandent à la fois une haute équité et la reconnaissance nationale envers un des plus intrépides défenseurs de la patrie. Ce serait, nous ne craignons pas qu'on nous démente, céder aux vœux impatiens du pays, dont il ne cessa d'être, avec autant d'amour que de dé-voûment, et l'honneur et la gloire. Tout semble, d'ailleurs, devoir nous faire espérer que le concours du gouvernement de Juillet ne vous man-quera pas dans cette circonstance solennelle. Oui ! messieurs, il restera conséquent avec tous les actes de justice et de magnanimité qui déjà ont marqué son existence. Il fut digne, en effet, des trois glo-rieuses journées d'avoir su mettre en application en 1830, à l'égard des ministres qui avaient fait couler le sang français pour soutenir la violation des lois, ces belles maximes de *sagesse*, de *tolérance* et de *modération*, qui ne furent qu'un futile ornement, qu'une légende dérisoire, dans l'enceinte de la no-ble chambre de 1815, érigée en cour de justice. Il ne fut pas moins grand, généreux de voir étendre plus tard la clémence de l'auguste élu de la patrie sur les tristes agens d'un trône renversé, en *juillet* comme en *mars*, à la voix d'un grand peuple, pour reprendre ses couleurs nationales. Ce gouvernement a aussi montré tout l'esprit de concorde qui l'ani-mait, en ne faisant pas marquer par la justice du sceau de l'infamie ceux dont on demandait le jugement pour avoir livré nos villes et nos plans de campagne à l'ennemi. Mais quand, malgré les rigueurs de la loi des retraites, il a arraché à la glèbe, à la misère, les braves des cent-jours, les derniers débris de Waterloo et des soldats de la Loire, pour rendre à l'armée leur expérience et leur courage; quand les proscrits de la restauration, les hommes de *mars*, les dévoués de l'empire, sont vengés des outrages ou des oublis du passé; quand ils entourent le trône et s'en montrent les plus fermes appuis : pourquoi celui qui fut leur compagnon, leur chef, resterait-il plus long-temps flétri par un jugement infâme, lui, l'une des premières renommées de cet empire dont les anciens serviteurs reçoivent aujourd'hui tant de marques de faveur et d'estime? Comment son ralliement au drapeau tricolore serait-il encore un crime, lorsque le peuple en reprenait les couleurs avec tant de transports, quand la restauration avait menacé *tous ses droits?* Comment la révolution de *mars* l'aurait-elle rendu plus criminel que s'il eût combattu pour celle de *juillet, qu'un seul* article violé du pacte fondamental fit naître, et dont le triomphe devait être ensanglanté avant de repren-

dre nos glorieuses couleurs? N'est-il point de li-
mite à l'obéissance passive du soldat, naturelle et
salutaire dans le cours ordinaire des choses? N'y
a-t-il plus rien en lui de français? Ne peut-il jamais
être du parti de la nation, quand elle se lève pour
rappeler sa souveraineté? Doit-il toujours massa-
crer ses frères, porter le deuil dans ses propres
foyers, non quand gronde l'émeute, *qu'il doit
toujours réprimer*, mais lorsque les masses soule-
vées attestent une révolution? La guerre civile
n'est-elle pas un fléau à faire reculer d'épouvante
celui qui peut la faire éclater?..... Aussi, quand la
France a honoré comme des *héros* les victimes de
juillet, devons-nous espérer qu'enfin elle ne verra
que des *martyrs* dans les victimes de *mars*, et que,
par l'organe de ses représentans, il sera rendu hom-
mage au patriotisme du maréchal Ney, en lavant
sa mémoire des souillures de la restauration.

On a parlé, il est vrai, d'égards, de convenances
envers la chambre des pairs, dont ce serait attaquer la souveraineté des arrêts. Comme nous avons
déjà répondu à cela dans un mémoire sur *la réhabilitation du maréchal Ney*, qui est au moment de
paraître, nous n'ajouterons ici que quelques ob-

servations propres à compléter notre pensée à ce
sujet, et à lever tous les obstacles.

Si nous avions à appeler la chambre de 1815 à
se déjuger en coopérant à une loi pour déclarer
innocent ce qu'elle a trouvé coupable, sans doute
il y aurait là de grands ménagemens à garder; mais
tel n'est pas l'état des choses. La révolution de 1830,
en renversant le pouvoir, en a brisé tous les élémens : prince, cour, gardes, ministres, pairs ét députés, tout fut enseveli sous les décombres du trône
qui s'écroulait. Une force organique provisoire se
créa. Le régime monarchique fut maintenu, mais
avec infiltration démocratique dans toute la machine
gouvernementale : de là nouvelle dynastie et nouvelles chambres. Quant à l'ancienne chambre des
pairs, qui avait senti que ce n'était pas avec un principe de droit divin qu'elle pouvait devenir partie
constituante dans une révolution évidemment populaire, elle avait attendu, et servit naturellement
à composer la nouvelle chambre, en perdant toutefois 95 de ses membres, ce qui était loin d'établir
qu'elle continuât son existence : ce ne sont point les
noms, au reste, qui font les chambres, ce sont les
principes qui les constituent, et les principes de 1815

ne sont aujourd'hui dans l'esprit d'aucune majorité.
En définitive, la chambre de Charles X ne vit plus
que pour l'histoire. Celle de nos jours, justement
épurée, est grandie de tout le sacrifice de son hé-
rédité et de toute la gloire des trois journées, qui
l'ont mise en contact avec le corps électoral par le
mode qui vient réparer dans son sein les ravages du
temps. Point d'analogie donc entre la chambre du
passé et celle actuelle. Là ne sont plus les inféodés
de la couronne, les serfs du pouvoir; là, les hommes de la science et du savoir et aux éminens services rivalisent, avec les élus du pays, de dévoûment à nos institutions libres et à la royauté de notre choix; et leur haute expérience et leurs vastes
lumières ne peuvent qu'assurer, par leurs concours
et selon leurs vœux, la prospérité, la gloire et l'honneur de la France : ce ne sont pas de tels hommes
qui repousseront l'acte d'équité que nous récla-
mons. Non, ne craignons pas que la chambre des
pairs, qui renferme tant d'illustrations, se refuse
à s'associer à vos travaux pour qu'une loi prononce
la réhabilitation du maréchal Ney, de celui qui a
dans le sein de cette chambre tant de ses anciens
émules et tant de rivaux de gloire.

Pour vous, Messieurs les députés, vous voudrez les premiers répondre à l'attente de la France; vous voudrez, quand la lave du bronze pris à l'ennemi a coulé sur tant de hauts faits *du brave des braves* pour en immortaliser le souvenir, que son nom reste pur aux pages de l'histoire; vous rappelant les immenses services qu'il rendit au pays, le sang qu'il a versé pour lui, toute la gloire qu'il fit rejaillir sur nous, cet amour sacré de la patrie qui a si vivement ému et si constamment rempli son cœur, vous voudrez sans tache celui pour qui Napoléon eût donné les millions des caveaux de son trésor; vous voudrez que rien ne puisse plus empêcher son marbre de prendre place à côté des Duguesclin et des Bayard, et sa glorieuse image d'occuper son rang dans le palais des rois. A cette réhabilitation tant désirée, il y aura des larmes essuyées, du bonheur, après de longs regrets, dans une noble famille, des joies pour l'armée, et plus de crêpe, Messieurs, au temple de la gloire!..... Alors s'oublîront les noms conservés des juges de l'illustre victime, quand au contraire la France reconnaissante fera passer les vôtres à la postérité, et Ney, ce moderne Fabricius, de qui l'on pouvait

dire aussi, *qu'il était plus facile de détourner le so-
leil de sa course, que lui-même du sentier de l'honneur,* Ney , Messieurs, aura tressailli dans sa
tombe!!!

A CES CAUSES,

nous demandons, sous telle forme de rédaction et
telle modification qu'il plaira à la chambre d'a-
dopter :

1° Une loi qui déclare nul, dans son effet mo-
ral et politique, tout jugement rendu en contra-
vention de la garantie stipulée en l'article 12 de la
convention de Paris, du 3 juillet 1815 (ce qui ne
ferait entrer en rien dans l'examen de la culpabilité ou de l'excuse pour la généralité des arrêts que
cette loi révoquerait);

2° Que la même loi déclare, attendu la position
spéciale du maréchal Ney dans ces sentences arbi-
traires, sur la révision des pièces du procès par une
commission d'enquête , dans chaque chambre, les
conseils de la famille entendus, que ledit maréchal
Ney n'a manqué à aucun des devoirs qu'impose
l'honneur; qu'en voulant empêcher la guerre civile et l'effusion du sang français pour une cause
alors entièrement perdue, il n'a cédé qu'à un sen-

TABLE.

9 782012 991392